『자녀와 함께』 그림으로 읽는
웨스트민스터 소요리문답

자녀와 함께 그림으로 읽는
웨스트민스터 소요리문답

·**초판 1쇄 발행** 2023년 06월 15일

·**지은이** 앤드루 그린, 사시코 네자무트디노프, 벤 프레스톤
·**그린이** 이라 미노프
·**옮긴이** 임신희
·**펴낸이** 민상기
·**편집장** 이숙희
·**펴낸곳** 도서출판 드림북
·**인쇄소** 예림인쇄 **제책** 예림바운딩
·**총판** 하늘유통

·**등록번호** 제 65 호 **등록일자** 2002. 11. 25.
·경기도 양주시 광적면 부흥로 847 경기벤처센터 220호
·Tel (031)829-7722, Fax(031)829-7723

·잘못된 책은 교환해 드립니다.
·이 출판물은 저작권법에 의해 보호를 받는 저작물이므로 무단 복제할 수 없습니다.
·독자의 의견을 기다립니다.
·드림북은 항상 하나님께 드리는 책, 꿈을 주는 책을 만들어 갑니다

Originally published in English under the title: The Illustrated Westminster Shorter Catechism
published by Christian Focus Publications Geanies House Fearn,
Tain Ross-shire IV20 1TW Scotland, UK
All rights reserved
이 책의 한국어판 저작권은 Christian Focus Publications와 독점 계약한 도서출판 드림북에 있습니다.
신저작권법에 의하여 한국 내에서 보호를 받는 저작물이므로 무단전제와 복제를 금합니다.

『자녀와 함께』 그림으로 읽는

웨스트민스터 소요리문답

글·앤드루 그린 | 사시코 네자무트디노프 | 벤 프레스톤
그림·이라 미노프

드림북

"슬프게도 많은 교회들이 오랫동안 요리문답의 전통을 잊고 있었습니다. 그렇지만 요리문답은 어느 때보다 지금 더 이 세계에 필요합니다. 점점 더 기독교에 적대적이 되어 가는 세속 사회에서 살아야 하는 우리 청년들에게는 성경의 진리에 뿌리 박은 신앙의 기초 지식이 필요합니다. 비단 어린이와 청년들 뿐 아니라 어른들도 웨스트민스터 소요리문답을 배우면 유익을 얻을 것입니다. 소요리문답은 교회에 가장 잘 알려지고 사랑받는 교리이면서 매우 효과적인 요리문답 중의 하나이니까요. 아름다운 삽화가 가득한 이 책은 원문의 의미나 단순성을 잃지 않고도 읽기 쉬운 언어로 편집되었습니다. 그러니 이 책은 예전에 성인들이 받아들였던 그 진리를 옹호하는 최고로 유용한 도구가 될 것입니다. 당신이 읽기만 한다면요!"

데이비드 로버트슨
ASK 이사
2021년 11월 시드니에서

우리 집은 자녀의 신앙 공부를 위해 웨스트민스터 소요리문답을 사용했습니다. 그리고 이제는 손자들이 배우고 있죠. 이 책은 지금까지 우리가 만났던 중에 가장 매력적으로 보이는 책입니다. 많은 부모가 이 책을 보는 즉시 한 권 사고 싶을 것이라고 생각합니다! 우리 가족은 여러 권을 사게 되겠지만요!

팀과 캐시 켈러

웨스트민스터 소요리문답은 수 세기를 걸쳐 신실하게 교회를 섬겼습니다. 어떤 요리문답도 그에 비교될 수 없을 겁니다. 어린이와 어른들은 세대를 거듭하여 이 소요리문답을 읽고 외우고 묵상하여 성경의 진리를 익혔습니다. 이 시간의 시험을 통과한 질문과 답이 새롭게 개정되고 간소화된 것에 더하여 아름다운 그림이 붙여진 새 개정판이 나오니 감사할 따름입니다. 여기 이 책은 예쁜 그림까지 더하여 아름다운 소요리문답을 읽게 하고 아름다우신 하나님을 더 분명하게 보게 합니다. 자라나는 세대가 이 책을 통해 영광의 진리에 사로잡히고, 형성되고, 순응하게 되기를 바랍니다.

제이슨 헬로폴로스

위대한 미국의 신학자인 B. B. 위힐드는 한 군인이 겪은 믿지 못할 놀라운 이야기를 들려주었습니다. 그 군인은 길거리에서 지나친 낯선 사람이 너무나 인상적이라 가다가 뒤를 돌아 보았습니다. 그런데 놀랍게도 그 낯선 이도 마찬가지로 뒤를 돌더니 그에게로 걸어오는 것이었습니다! 다가온 그 사람은 군인에게 예상치 못한 질문을 했습니다. "사람의 주된 목표가 무엇일까요?" "하나님을 영광되게 하고 영원히 기뻐하는 것"이라고 답하자, 그 낯선 사람은 "당신의 표정을 보고 어려서부터 소요리문답을 배웠다는 것을 알 수 있었어요!"라고 대답했습니다. 그에게 돌아간 답은 이랬습니다. "그게 바로 내가 당신을 보고 한 생각이었어요."

이 두 사람이 처음 묻고 답했던 그 소요리문답은 전 세계의 그리스도인들이 세대를 이어가며 자신의 삶을 만들어 왔던 것입니다. 그것은 우리에게 성경의 진리를 가르쳐주고, 생각하는 훈련을 하고, 우리의 삶에 안정감과 그리스도인의 품성을 함양합니다. 소요리문답은 우리가 큰 인생의 질문에 답할 수 있게 돕습니다.

싱클레어 B 퍼거슨

차 례

우리는 무엇을 믿는가 (문 1~38) • 11

삶의 목적은 무엇인가 | 창조 | 하나님의 섭리 | 죄 | 은혜의 계약 | 구주의 세 가지 직분 | 구주의 낮아지심 | 구주의 높아지심 | 이생에서 받는 유익 | 죽음이 임할 때 얻는 유익 | 부활할 때 받는 유익 |

하나님의 율법(문39-87) • 47

도덕의 법 | 십계명의 머리말 | 제1계명 | 제2계명 | 제3계명 | 제4계명 | 제5계명 | 제6계명 | 제7계명 | 제8계명 | 제9계명 | 제10계명 죄와 벌 | 우리는 어떻게 구원을 받을 수 있는가?

은혜의 수단 (제88문 ~ 제99문) • 77

은혜의 수단 | 하나님의 말씀 | 성례 | 세례 | 주의 성찬 | 기도

주의 기도 (제100문 ~ 제107문) • 91

하늘에 계신 우리 아버지 |
그 이름이 거룩하게 하여 주시며 |
그 뜻을 하늘에서 이루심 같이 땅에서도 |
오늘의 양식을 내려 주시고 |
우리에게 죄 지은 사람을 용서하여 준 것 같이 |
우리를 시험에 들지 않게 하시고, 악에서 구하여 주십시오 |
나라와 권세와 영광은 영원히 아버지의 것 |

본문에서 쓰인 용어 해설 |
소요리문답의 성경 출처 |

일반 성도들에게 교리교육을 위해서 만들어진 것으로써 암기하기에 쉽도록 만들어졌다. 소요리문답은 성경을 좀 더 쉽고 깊이있게 다음 세대의 신앙교육을 위해 만들어진 가장 최적화된 교리문답 교재이다.

소요리문답은 8개의 성경, 하나님, 인간, 그리스도, 성령, 십계명, 은혜의 수단, 주기도문 주제 속에 전체 107문답으로 이루어져 있다. 그리고 전체 문답이 서로 연결되어 있는 특징을 보여주고 있다.

우리는 무엇을 믿는가

질문 1~38

삶의 목적은 무엇인가

1. 사람이 인생에서 가장 큰 목적으로 삼아야 할 것은 무엇인가요?

    인간의 가장 큰 목적은 하나님을 영광되게 하는 것입니다. 그리고 그분을 영원히 기쁘시게 하는 것입니다.

거룩한 말씀, 성경

2. 하나님이 우리에게 하나님을 영광되게 하고 그분을 기뻐하는 방법을 가르치기 위해서 주신 준칙에는 무엇이 있을까요?

구약 성서와 신약 성서로 이루어진 하나님의 말씀, 곧 성경은 우리가 하나님을 영광되게 하고 그분을 기뻐할 수 있도록 우리를 안내하는 유일한 규칙입니다.

3. 성경에서 제일 중요하게 가르치는 것은 무엇인가요?

성경은 가장 먼저 사람은 하나님을 믿어야 한다는 것, 그리고 하나님이 사람에게 요구하는 것이 있음을 가르칩니다.

우리는 하나님에 관해 무엇을 믿는가

4. 하나님은 어떤 분이신가요?

하나님은 영이십니다. 하나님은 지혜와 능력, 거룩하심과 공의로우심, 선함과 진리가 무한하시고, 영원하시며, 변함이 없으신 분입니다.

5. 하나 보다 많은 다른 신들이 있나요?

살아계시고 진정한 신은 하나님, 오직 한 분입니다.

6. 하나님의 신격에는 몇 위가 계신가요?

하나님은 아버지, 아들, 그리고 성령이라는 삼위가 있습니다.
그리고 이 삼위가 한 분 하나님을 이루고 있죠.
이 세 분은 같은 존재일 뿐 아니라 그 능력과 영광도 똑같습니다.

하나님의 계획

7. 하나님의 작정이란 무엇인가요?

    하나님의 작정은 그분의 뜻에 따라 그의 영원한 목적을 이루시는 것으로, 그 자신의 영광을 위하여 일어나는 모든 일을 명령하시고 정리하시도록 하는 것입니다.

8. 하나님은 자신의 영원한 목적을 어떻게 이루시나요?

    하나님은 창조와 섭리라는 작업을 통해 그분의 영원한 목적을 이루고 계십니다.

창조

9. 창조란 무엇인가요?

창조는 아무것도 없는 상태에서 하나님이 6일 동안 능력의 말씀으로 모든 것을 만드신 사건을 말합니다. 그것도 모두 매우 아름답게 말이죠.

10. 하나님은 사람을 어떻게 만드셨을까요?

하나님은 남자와 여자를 창조하셨는데, 하나님 자신의 형상을 따라서 지으셨어요. 그렇게 해서 피조물은 하나님을 닮아 지식과 의로움과 거룩함을 가지게 되었습니다.

하나님의 섭리

11. 하나님의 섭리란 무슨 뜻인가요?
    하나님의 섭리란 모든 피조물이 모든 일에서
    하나님의 거룩과 지혜,
    그리고 능력을 받들어 지키게 만드는 것입니다.

12. 하나님이 창조하신 사람을 위해 하나님이 특별히 만드신 섭리는 무엇인가요?

사람을 창조하신 후에 하나님은 사람과 생명의 계약을 맺으셨습니다. 그 계약은 온전히 하나님의 뜻에 순종하고 선과 악을 알게 하는 나무의 열매를 먹지 말라고 금지하신 것이죠. 그렇지 않으면 죽게 된다고 하셨습니다.

죄

13. 우리의 맨 처음 조상은 창조된 그 상태 그대로 살아왔나요?

우리의 첫 조상들은 그 자신에게 주어진 자유를 잘못 사용하여 하나님께 죄를 짓고 창조된 상태에서 멀어지고 말았습니다.

14. 죄가 무엇인가요?

죄는 하나님의 율법을 지키지 않고 불순종하는 것을 말합니다.

15. 우리의 첫 조상은 무슨 죄를 지었기에 창조된 상태에서 멀어지게 되었던가요?

우리의 첫 조상은 금지된 열매를 먹는 죄를 지었기 때문에 창조된 상태에서 멀어지게 되었어요.

16. 모든 사람이 아담의 첫 번째 죄에 걸렸나요?

하나님과의 계약은 아담 한 사람만 맺은 것이 아니라 모든 자연의 후손들에게도 이루어진 것이기 때문에 아담이 처음 지은 죄는 모든 사람이 지은 것과 마찬가지입니다.

17. 아담의 타락으로 우리에게는 어떤 일이 생기게 되었나요?

아담의 타락은 모든 사람이 죄의 조건에 걸려들게 하여 불행하게 만들었습니다.

18. 우리의 타락한 상태가 죄가 되는 이유는 무엇인가요?

우리의 타락한 상태는 원죄와 이후 원죄로부터 내려온 모든 실제의 죄들 때문인데요, 원죄는 아담이 처음 지은 죄로 인한 죄책감, 하나님이 원래 주신 의로움의 부족, 아담의 본성 자체의 부패입니다.

19. 타락이 가져온 인간의 처지가 비참함은 어떤 것인가요?

(아담이) 타락한 후에 우리 모두는 하나님과의 교감을 잃고 하나님의 분노와 저주를 받고 있습니다. 그래서 우리의 삶은 모든 불행과 죽음 그 자체와 영원한 지옥의 고통에 시달리게 되었습니다.

거룩한 말씀, 성경

20. 하나님은 모든 인류가 죄를 짓고 불행한 상태에서 시들어가도록 내버려 두셨나요?

하나님은 영원부터 그의 선하시고 기뻐하시는 뜻대로, 구속받을 자들이 영원한 삶에 이르도록 일부를 선택하시고, 은혜의 언약을 맺으시어 구속자로 말미암아 그들을 죄와 불행의 상태에서 건지시어 구원의 상태로 이끌어 주셨습니다.

창조

21. 하나님이 택하신 구속자는 누구인가요?

　　하나님이 택하신 유일한 구속자는 주 예수 그리스도입니다. 그는 하나님의 영원한 아들로 인간이 되셨습니다. 그는 과거와 현재 그리고 미래에도 언제나 하나님이자 인간이시며 한 위격에 두 가지 분명한 성품을 가지신 분이십니다.

22. 하나님의 아들이신 그리스도가 어떻게 사람이 되셨나요?

　　하나님의 아들이신 그리스도가 인간이 되신 것은 그리스도가 실제 인간의 몸과 영혼을 입으시고 성령의 능력으로 잉태되어 결혼한 적이 없는 마리아의 자궁에서 태어나셨기 때문입니다. 그러나 죄는 없으십니다.

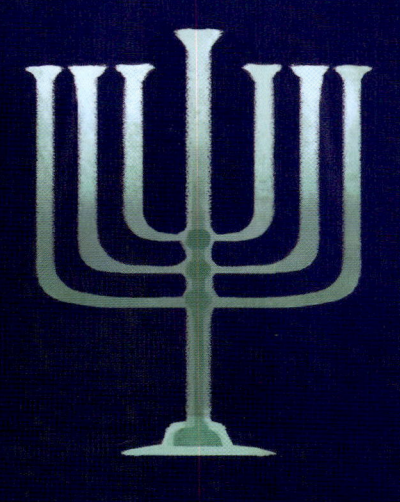

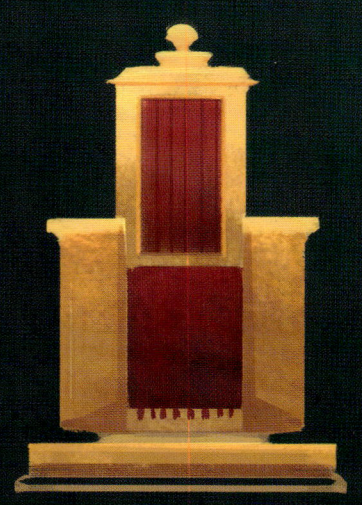
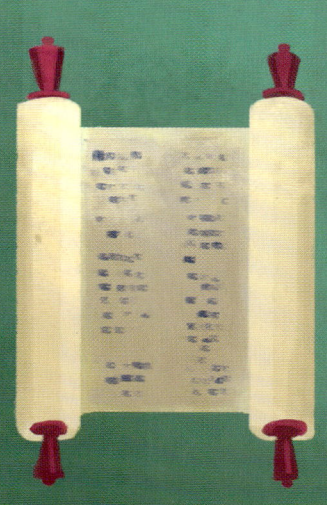

구주의 세 가지 직분

23. 그리스도가 우리의 구원자로서 하시는 직분은 어떤 것이 있나요?

우리의 구속자이신 그리스도는 예언자, 제사장 그리고 왕의 직분을 이행하시는데, 낮아지심과 높임을 받은 지위 두 상태에서 모두 행하십니다.

24. 그리스도는 선지자로서 어떻게 일하시나요?

선지자 그리스도는 우리의 구원에 대한 하나님의 뜻을 하나님의 말씀과 성령으로 우리에게 알려주십니다.

25. 그리스도는 제사장으로서는 어떻게 일하시나요?

제사장 그리스도는 신의 공의를 만족시키기 위해 단번에 그 자신을 포기하고 희생하여 우리를 하나님과 화목하게 하십니다. 그리고 계속해서 우리를 위해 중보 기도하십니다.

26. 그리스도는 왕으로서는 어떻게 일하시나요?

왕이신 그리스도는 우리를 자신의 제자로 삼으시어, 우리를 다스리시고 보호하시며, 그분과 우리의 원수들을 막아 이기십니다.

구주의 낮아지심

27. 그리스도가 낮아지신다는 것은 무슨 뜻인가요?

그리스도의 낮아지심은 사람으로 가난 가운데 탄생하신 것이며, 율법에 복종하시고, 이번 생의 비참함을 겪으시고 하나님의 진노를 받으시며, 십자가의 저주받은 죽음을 당하시며 장사되어 얼마 동안 죽음의 권세 아래 계셨던 일을 말합니다.

구주의 높아지심

28. 그리스도가 높아진다는 것은 무엇을 말하나요?
그리스도의 높아지셨다는 뜻은 그가 삼일 만에 죽은 상태에서 다시 살아나셔서 하늘에 올라가시고, 하나님 아버지의 오른편에 앉아 계시면서 마지막 날에 세상을 심판하실 것을 말합니다..

효력있는 부르심

29. 우리는 어떻게 그리스도가 값을 주고 사신 구원을 받을 수 있나요?

우리가 그리스도께서 값을 주고 사신 구원을 받을 수 있는 것은 성령이 우리에게 구원을 효력있게 적용하시기 때문입니다.

30. 성령은 그리스도가 값을 주고 사신 구원을 어떻게 우리에게 적용하시나요?

성령이 그리스도가 사신 구원을 우리에게 적용하시는 것은 효과적인 부르심으로 우리 안에서 믿음이 작용하여 그리스도와 한 몸이 되게 하시기 때문입니다.

31. 효과적인 부르심이란 무슨 뜻인가요?

효과적인 부르심이란 하나님의 성령의 역사를 말하는 것으로, 성령은 우리의 죄와 비참함을 우리가 인식하게 하고, 그리스도에 대한 지식을 우리의 정신이 밝히 알게 하며, 우리의 뜻을 새롭게 하여 복음 가운데서 우리에게 거저 주신 예수 그리스도를 우리가 받아들이도록 설득하시고 허락하십니다.

이생에서 받는 유익

32. 효력있는 부르심을 받고 참여한 이들이 이번 생에서 받을 수 있는 유익에는 어떤 것이 있나요?

    이생에서 효력있는 부르심을 받은 이들은 의롭다 하심(칭의)과 양자 됨, 그리고 거룩하게 하심(성화)에 참여하게 되며, 그것들과 함께 또는 그것들로부터 오는 다른 유익을 받게 됩니다.

33. 의롭다 하심(칭의)이란 무슨 뜻인가요?

    의롭다 하심은 하나님의 거저 주시는 은혜의 행위인데, 하나님이 우리의 모든 죄를 용서하시고, 그가 보시기에 의로운 자로 우리를 받아 주시는 것을 말합니다. 그것은 오직 그리스도의 의를 우리에게 덧입혀 주시기 때문이고 그리고 오직 그것을 믿음으로 받아들임으로 이루어지게 됩니다.

34. 양자로 삼는다는 것은 무엇인가요?

    우리가 하나님의 양자가 되는 것은 하나님이 거저 주시는 은혜의 행위이며, 우리가 자녀의 모든 권리를 가지는 하나님의 자녀가 된다는 뜻입니다.

35. 거룩하게 하심(성화)이란 무슨 뜻인가요?

    거룩하게 하심은 하나님이 거저 주시는 은혜의 행위로, 우리의 전 인격이 하나님의 형상을 따라 새로워지게 되어, 더욱더 죄에 대해서 죽을 수 있게 되며, 의롭게 살 수 있게 됩니다.

36. 의롭다 하심, 양자 삼으심, 거룩하게 하심과 함께 또는 그것들로부터 얻게 되는 이번 생에서의 유익에는 무엇이 있나요?

    의롭다 하심, 양자 삼으심, 거룩하게 하심과 함께 또는 그것들로부터 얻게 되는 이번 생에서의 유익에는 하나님 사랑에 대한 확신, 양심의 평안, 성령 안에서의 기쁨, 은혜 안에서의 성장과, 그리고 우리 생의 마지막까지 은혜 안에서 견딜 수 있게 되는 것 등이 있습니다.

죽음이 임할 때 얻는 유익

37. 믿는 이들이 죽을 때 그리스도에게서 받는 유익에는 어떤 것이 있나요?

믿는 이들이 죽을 때 그들의 영혼은 완전히 거룩해짐을 입어 즉시 영광스럽게 되며, 그들의 몸은 부활하여 그리스도와 연합할 때까지 무덤에서 안식하게 됩니다.

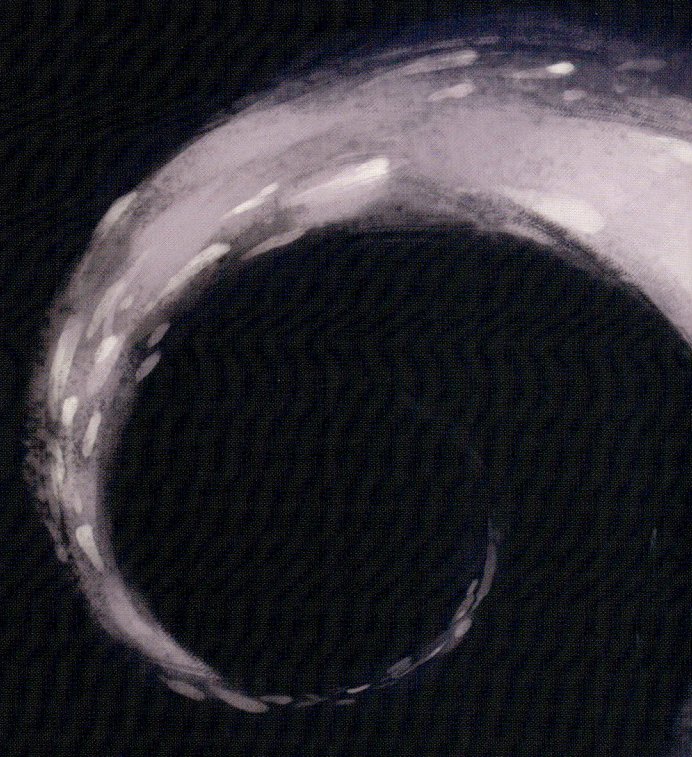

부활할 때 받는 유익

38. 믿는 이들은 부활할 때 그리스도에게서 어떤 유익을 얻게 되나요?

부활이란 믿는 이들이 영광 가운데 살아나는 것으로, 그들은 심판의 날에 공개적으로 죄 없음이 인정되고 선포되며, 하나님이 온전히 기뻐하시는 가운데 완전하게 영원토록 축복을 받게 됩니다.

하나님의 율법

39문 ~ 87문

도덕의 법

39. 하나님은 사람에게 무엇을 요구하시나요?

하나님은 그분이 드러내신 자신의 뜻에 순종할 것을 요구하십니다.

40. 순종이란 규칙에 사람이 따르도록 하나님이 맨 처음 나타내 보이신 것은 무엇인가요?

하나님이 사람에게 순종하도록 드러내 보이신 규칙은 도덕의 법입니다.

41. 그 도덕의 법이 요약되어 있는 곳은 어디인가요?

하나님의 도덕 법은 십계명 안에 요약되어 있습니다.

42. 십계명은 무엇으로 요약될 수 있나요?
  (십계명의 강령)

십계명은 이와 같이 요약됩니다. 우리의 온 마음을 다하고, 영혼을 다하고, 힘을 다하고, 뜻을 다해 우리 주 하나님을 사랑하는 것, 그리고 우리 이웃을 나 자신처럼 사랑하는 것입니다.

십계명의 머리말

43. 십계명은 어떤 말로 시작되나요?

십계명은 다음과 같은 말로 시작됩니다. "나는 너를 애굽 땅 종살이하던 집에서 이끌어 낸 주 너희의 하나님이다."
(출애굽기 20장 1절, 새번역)

44. 십계명의 머리말이 우리에게 가르치는 것은 무엇인가요?

십계명의 머리말은 우리에게 이렇게 가르칩니다. 하나님이 우리의 주님이시고, 우리의 하나님이시며, 구원자이시므로 우리는 그의 모든 계명에 따라야 합니다.

제1계명

45. 제1계명은 무엇인가요?

제1계명은 "너는 내 앞에서 다른 신들을 섬기지 못한다"입니다.
(출애굽기 20장 3절)

46. 제1계명이 요구하는 것은 무엇인가요?

제1계명은 우리가 하나님을 오직 한 분이신 진정한 하나님이시며, 우리의 하나님으로 알고 인식할 것과, 그에 맞추어 하나님을 예배하고 영화롭게 하기를 요구합니다.

47. 제1계명이 하지 말라고 금지하는 것은 무엇인가요?

제1계명은 진정한 하나님을 우리의 하나님으로 인정하기를 거부하거나 예배하지 않고 영화롭게 하지 않는 것을 금지합니다. 하나님은 한 분뿐이시므로 다른 어떤 신을 예배하거나 영화롭게 하는 것을 금지합니다.

48. 제1계명에서 "내 앞에서"라는 말이 우리에게 특별히 가르치는 것은 무엇인가요?

제1계명에서 "내 앞에서"라는 말은 모든 것을 아시는 하나님이 다른 신을 가지는 죄에 주목하시며, 그것을 아주 싫어하신다는 것을 가르칩니다.

제2계명

49. 제2계명은 무엇인가요?

제2계명은 다음과 같습니다.
"너희는 너희가 섬기려고 위로 하늘에 있는 것이나, 아래로 땅에 있는 것이나, 땅 아래 물 속에 있는 어떤 것이든지, 그 모양을 본떠서 우상을 만들지 못한다. 너희는 그것들에게 절하거나, 그것들을 섬기지 못한다. 나, 주 너희의 하나님은 질투하는 하나님이다. 나를 미워하는 사람에게는, 그 죄값으로, 본인뿐만 아니라 삼사 대 자손에게까지 벌을 내린다. 그러나 나를 사랑하고 나의 계명을 지키는 사람에게는, 수천 대 자손에 이르기까지 한결같은 사랑을 베푼다."
(출애굽기 20장 4절 ~ 6절)

50. 제2계명이 요구하는 것은 무엇인가요?

제2계명은 하나님이 그의 말씀에서 명령하신 모든 경건한 예배와 규례를 받아들이고 존중하면서 순전하고 완전하게 지키기를 요구합니다.

51. 제2계명이 금지하는 것은 무엇인가요?

제2계명은 하나님의 형상에 예배하거나, 하나님의 말씀에서 명령하신 방법이 아닌 방법으로 예배하는 것을 금지합니다.

52. 제2계명이 우리에게 가르치는 것은 무엇인가요?

제2계명이 우리에게 가르치는 진리는 다음과 같습니다. 하나님은 우리에 대해 주권을 가지고 계시며, 우리를 자신의 것으로 삼으셨으며, 그 자신에 대한 예배를 받고자 하는 열의를 가지고 계신다는 것입니다.

제3계명

53. 제3계명은 무엇인가요?

제3계명은 이렇게 됩니다.
"너희는 주 너희 하나님의 이름을 함부로 부르지 못한다. 주는 자기의 이름을 함부로 부르는 자를 죄 없다고 하지 않는다."(출애굽기 20장 7절)

54. 제3계명이 요구하는 것은 무엇인가요?

제3계명은 하나님의 이름과 명칭, 하나님의 속성과 법령, 그리고 하나님의 말씀과 행하심(사역)을 거룩하고 존경하는 마음으로 사용할 것을 요구합니다.

55. 제3계명이 금지하는 것은 무엇인가요?

제3계명은 하나님이 그 스스로를 알리기 위해 사용하시는 그 어떤 것도 무시하거나 남용하지 말라는 것입니다.

56. 제3계명이 우리에게 가르치는 진리는 무엇인가요?

제3계명이 가르치는 진리는 이 계명을 위반하는 자는 인간의 형벌은 피할 수 있을지 모르지만 우리 주 하나님은 그의 의로운 심판에서 그들이 빠져나가게 두시지 않을 것이라는 사실입니다.

제4계명

57. 제4계명은 무엇인가요?

제4계명은 이렇습니다.
"안식일을 기억하여 그 날을 거룩하게 지켜라. 너희는 엿새 동안 모든 일을 힘써 하여라. 그러나 이렛날은 주 너희 하나님의 안식일이니, 너희는 어떤 일도 해서는 안 된다. 너희나, 너희의 아들이나 딸이나, 너희의 남종이나 여종만이 아니라, 너희 집 짐승이나, 너희의 집에 머무르는 나그네라도, 일을 해서는 안 된다. 내가 엿새 동안 하늘과 땅과 바다와 그 안에 있는 모든 것을 만들고 이렛날에는 쉬었기 때문이다. 그러므로 나 주가 안식일을 복 주고, 그 날을 거룩하게 하였다."
(출애굽기 20장 8절 ~ 11절)

58. 제4계명이 요구하는 것은 무엇인가요?

제4계명은 우리가 하나님이 그의 말씀에서 지정하신 때를 거룩하게 지킬 것을 요구합니다. 특히 일주일 중에 온 하루를 거룩하게 지켜야 하는데, 그날은 하나님 자신에게도 거룩한 안식일이기 때문입니다.

59. 하나님은 일주일 중 어느 날을 매주 지킬 안식일로 지정하셨나요?

세상의 태초부터 그리스도의 부활에 이르기까지 하나님은 7번째 날을 그 주의 안식일로 지정하셨습니다. 그때부터 세상의 끝날까지 일주일의 첫날이 기독교의 안식일이 되고 있습니다.

60. 어떻게 안식일을 거룩하게 지킬 수 있나요?

안식일은 하루 종일 거룩하게 쉼으로써 거룩하게 됩니다. 다른 날에 해야 하는 세상의 일들과 오락에서도 쉼이 있어야 합니다. 반드시 필요한 일과 자비를 행하는 일을 해야 하지만 안식일은 공적으로 그리고 사적으로 하나님을 예배하는 날로 삼아야 할 것입니다.

61. 제4계명이 금지하는 것은 무엇인가요?

제4계명은 우리에게 요구된 의무를 지키지 못하거나 나태하게 행하는 것을 금지합니다. 또한 게으름이나 죄가 될 행위, 불필요한 생각, 말 또는 세상의 일과 오락에 관련된 일을 행하는 것으로 그날을 경건하지 않게 지내는 것을 금지합니다.

62. 제4계명이 우리에게 가르치는 진리는 무엇인가요?

제4계명이 우리에게 가르치는 진리는 이렇습니다. 하나님은 우리 자신의 일을 하도록 일주일에서 엿새를 허락하십니다. 그는 일곱 번째 날을 그 자신의 날로 주장하셨습니다. 그는 그 모범을 보이시고 안식일을 축복하셨다는 것입니다.

제5계명

63. 제5계명은 무엇인가요?

   제5계명은 이렇습니다.
   "너희 부모를 공경하여라. 그래야 너희는 주 너희 하나님이 너희에게 준 땅에서 오래도록 살 것이다." (출애굽기 20장 12절)

64. 제5계명이 요구하는 것은 무엇인가요?

   제5계명은 우리의 위에 있는 권력자나 우리의 아랫사람이나 동료들이거나 상관없이 인간관계가 요구하는 대로 다른 사람을 존중하고 섬길 것을 요구합니다.

65. 제5계명이 금지하는 것은 무엇인가요?

   제5계명은 모든 사람과의 관계에 있어 그들을 무시하거나 소홀히 대하는 것을 금지합니다.

66. 제5계명이 우리에게 가르치는 진리는 무엇인가요?

   제5계명은 하나님의 영광과 우리 자신의 복리를 위한 것이며, 이 계명을 지키는 이들의 장수와 번영을 약속합니다.

제6계명

67. 제6계명은 무엇인가요?

제6계명은 이것입니다.
"살인하지 못한다." (출애굽기 20장 13절)

68. 제6계명이 요구하는 것은 무엇인가요?

제6계명은 우리 자신의 생명을 보존하고 다른 사람의 생명도 보존하는 모든 노력을 허락된 만큼 행하기를 요구합니다.

69. 제6계명이 금지하는 것은 무엇인가요?

제6계명은 우리 자신의 생명과 우리 이웃의 생명을 불의하게 앗아가거나, 그렇게 되도록 하는 모든 일을 금지합니다.

제7계명

70. 제7계명은 무엇인가요?
제7계명은 이것입니다.
"간음하지 못한다." (출애굽기 20장 14절)

71. 제7계명이 요구하는 것은 무엇인가요?
제7계명은 우리 자신과 우리 이웃의 순수함을 마음과 언어 그리고 행동에서도 지킬 것을 요구합니다.

72. 제7계명이 금지하는 것은 무엇인가요?
제7계명은 모든 정결치 못한 생각과 말 그리고 행위를 금지합니다.

제8계명

73. 제8계명은 무엇인가요?

제8계명은 이것입니다.
"도둑질하지 못한다." (출애굽기 20장 15절)

74. 제8계명이 요구하는 것은 무엇인가요?

제8계명이 요구하는 것은 정직하게 벌어 우리 자신과 다른 사람의 부와 소유를 늘리는 것입니다.

75. 제8계명이 금지하는 것은 무엇인가요?

제8계명은 우리 자신의 부와 소유물 혹은 우리 이웃의 부나 소유물을 공정하지 못하게 축소하는 행위나 그런 행동을 금지합니다.

제9계명

76. 제9계명은 무엇인가요?
제9계명은 이렇습니다.
"너희 이웃에게 불리한 거짓 증언을 하지 못한다."
(출애굽기 20장 16절)

77. 제9계명이 요구하는 것은 무엇인가요?
제9계명은 특별히 증언함에 있어 우리 자신과 우리 이웃의 명예를 유지하고 증진할 것, 그리고 사람들 사이의 진실을 유지하고 증진할 것을 요구합니다.

78. 제9계명이 금지하는 것은 무엇인가요?
제9계명이 금지하는 것은 진리를 훼손하거나 우리 자신이나 우리 이웃의 명예를 실추시키는 모든 행위나 행동입니다.

제10계명

79. 제10계명은 무엇인가요?

    제10계명은 이렇습니다.
    "너희 이웃의 집을 탐내지 못한다. 너희 이웃의 아내나 남종이나 여종이나 소나 나귀나 할 것 없이, 너희 이웃의 소유는 어떤 것도 탐내지 못한다." (출애굽기 20장 17절)

80. 제10계명이 요구하는 것은 무엇인가요?

    제10계명은 우리가 자신의 상태에 온전히 만족할 것과 함께, 우리 이웃과 그에게 속한 모든 것을 향해 바르고 존중하는 태도를 가질 것을 요구합니다.

81. 제10계명이 금지하는 것은 무엇인가요?

    제10계명이 금지하는 것은 우리가 자신의 상태에 불만족하거나 이웃이 잘되는 일에 시기 혹은 질투를 하는 모든 것과 이웃에 속하는 모든 것에 대한 모든 부적절한 행동과 욕망을 가지는 일입니다.

죄와 벌

82. 하나님의 계명을 완벽하게 지킬 수 있는 사람이 있나요?

타락한 후에는 이 세상에서 아무도 하나님의 계명을 완벽히 지킬 수 있는 사람은 없으며, 사람은 매일 생각과 말 그리고 행동에서 그 계명을 어기며 삽니다.

83. 계명에 대한 모든 범죄함이 똑같이 악한 것인가요?

어떤 죄는 그 자체로, 그리고 그 범죄함의 속성과 상황으로 인해 다른 죄보다 하나님의 눈에는 더 악하게 여겨집니다.

84. 모든 죄가 마땅히 받게 되는 것은 무엇인가요?

모든 죄는 이생에서 그리고 앞으로 올 다음 생에서 하나님의 진노와 저주를 받게 됩니다.

우리는 어떻게 구원을 받을 수 있는가?

85. 우리가 마땅히 받아야 할 죄의 대가인 하나님의 진노와 저주에서 벗어나도록 하나님이 우리에게 요구하시는 것은 무엇인가요?

우리 자신이 받아 마땅한 죄에 대한 하나님의 진노와 저주에서 벗어나기 위해서 하나님은 예수 그리스도를 믿는 믿음과 생명으로 이끄는 회개, 그리고 그리스도가 우리에게 주신 구원의 유익을 통해 모든 외부적인 수단을 유념하여 사용할 것을 우리에게 요구하십니다.

86. 예수 그리스도를 믿는 믿음이란 것은 무엇인가요?

예수 그리스도를 믿는 믿음이란 예수님이 복음에서 우리에게 제시하신 대로, 우리가 예수님을 받아들이고 그분께만 의지함으로써 받게 되는 구원하시는 은혜를 믿는 것입니다.

87. 생명으로 이끄는 회개는 무엇인가요?

생명으로 이끄는 회개란 죄인된 자가 그 자신의 죄를 진정으로 깨닫고 그리스도 안에서 하나님의 자비하심을 깨달아 아는 것이며, 자신의 죄를 슬퍼하고 미워하여 그 죄로부터 돌이켜 하나님께로 돌아가며, 새롭게 순종하려는 일념을 가지고 최선을 다하는 것입니다.

은혜의 수단

제88문 ~ 제99문

은혜의 수단

88. 그리스도가 우리에게 구원의 유익을 주시기 위해 사용하시는 외적인 수단은 무엇인가요?

그리스도가 우리에게 구원의 유익을 주시기 위해 사용하시는 외면적이고 일상적인 수단은 그분의 여러 규례들로, 특별히 말씀과 성례와 기도입니다. 이것들은 모두 구원을 받기로 선택된 이들에게 유효한 것입니다.

하나님의 말씀

89. 말씀이 어떻게 구원에 이르는 효과적인 수단이 되나요?

하나님의 성령이 말씀을 읽음으로써, 특별히 하나님의 말씀 선포가 죄인들을 설득하고 회심시키고, 그들을 거룩함과 위로 안에서 자라게 하여 믿음으로 구원에 이르게 하는 효과적인 수단이 되게 하십니다.

90. 읽거나 듣는 하나님의 말씀이 어떻게 구원에 효과적이 되게 할 수 있나요?

하나님의 말씀이 구원에 효과적이 되기 위해서는 우리가 유념하여 관심을 가지고 준비하고 기도하며, 믿음과 사랑으로 받아들일 것이며, 그 말씀을 우리 가슴에 새겨 삶에서 실천하여야 합니다.

성례

91. 성례가 어떻게 구원에 이르는 효과적인 수단이 되나요?

성례가 구원에 이르는 효과적인 수단이 되는 것은 그것 자체에 어떤 가치가 있거나 성례를 집행하는 사람에 가치가 있기 때문이 아니라, 그리스도의 축복과 믿음으로 그 축복을 받아들이는 이들 안에서 하나님의 성령이 일하시기 때문입니다.

92. 성례가 무엇인가요?

성례는 그리스도가 주신 거룩한 규례이며, 이는 지각할 수 있는 표식에 의해 그리스도와 새 계명의 유익이 나타나고 인 처지며 믿는 자들에게 적용됩니다.

93. 신약성경에서의 성례는 어떤 것들이 있나요?

신약성경에서 볼 수 있는 성례는 세례와 주님이 베푸신 성찬이 있습니다.

94. 세례가 무엇인가요?

세례는 하나님 아버지(성부), 그의 아들(성자), 그리고 성령의 이름으로 물로 씻는 성례입니다. 세례는 우리가 그리스도에게 접붙여짐과 은혜의 언약에서 유익을 받음과 주님의 사람이 되겠다는 우리의 약속을 표시하며 보증하는 것입니다.

95. 세례를 누구에게 베푸는 것인가요?

세례는 보이는 교회 밖에 있는 사람에게는 베풀지 않고, 누구든지 그리스도에 대한 자신의 믿음을 고백하고 그분께 순종하여야 받을 수 있습니다. 그러나 보이는 교회의 교인의 어린 자녀에게는 세례를 베풀 수 있습니다.

주의 성찬

96. 주의 성찬이 무엇인가요?

주의 성찬은 그리스도가 정하신 성례로, 빵과 포도주를 주시고 받는 것으로써 그의 죽음을 나타내 보이는 것입니다. 성찬을 합당하게 받는 자들은 그리스도의 살과 피를 육신적인 방식으로 받는 것이 아니라 주님이 주시는 유익과 함께 믿음으로 받아, 영적으로 배가 부르고 은혜 안에서 성장하게 됩니다.

97. 주의 성찬을 합당하게 받기 위해 요구되는 것은 무엇인가요?

주의 성찬에 합당하게 참가하기 위해 우리는 주님의 몸을 분별하는 지식과 주님을 양식으로 삼는 믿음, 회개, 사랑, 그리고 새로운 순종이 있는지 살펴야 합니다. 그렇지 않고 성찬에 합당하지 않은 채 먹고 마시면 우리 자신에 심판을 행하게 되는 것입니다.

기 도

98. 기도가 무엇인가요?

기도는 하나님께 우리가 바라는 것을 말씀드리는 것인데, 그것들은 하나님의 뜻에 맞아야 하고 그리스도의 이름으로 간구하되, 이 때 우리의 죄를 고백하고 하나님의 자비를 감사하는 마음으로 인정하여야 합니다.

99. 하나님은 우리에게 어떻게 기도하라고 지시하시나요?

하나님의 모든 말씀이 우리에게 기도의 훌륭한 안내자가 되지만, 올바른 기도에 대한 특별한 지침은 바로 그리스도가 그의 제자들에게 가르치신 기도로, '주기도'라고 불리는 것입니다.

주의 기도

제100문 ~ 제107문

하늘에 계신 우리 아버지

100. 주기도문의 첫 부분이 우리에게 가르치는 것은 무엇인가요? (마태복음 6장)

"하늘에 계신 우리 아버지여"라고 시작하는 주기도문의 머리말은 우리가 경건한 마음과 확신을 가지고 우리를 도우실 능력과 준비가 되신 아버지를 대하는 자녀처럼 하나님께 가까이 가도록 우리를 가르칩니다. 그리고 우리가 다른 사람들과 함께 그리고 그들을 위해서 기도해야 한다고 가르칩니다.

그 이름이 거룩하게 하여 주시며

101. 우리가 기도에서 처음으로 간구해야 하는 것은 무엇인가요?

"그 이름이 거룩하게 하여 주시며"라는 첫 간구에서 우리는 하나님이 우리와 다른 이들이 하나님을 알게 하기 위해 그분이 사용하시는 모든 일에서 하나님을 영광되게 하실 것과, 하나님이 모든 것을 그 자신의 영광으로 돌리실 것을 기도해야 합니다.

그 나라를 오게 하여 주시며

102. 우리가 두 번째로 간구해야 하는 것은 무엇인가요?

"그 나라를 오게 하여 주시며"라는 두 번째 간구에서 우리는 사탄의 나라가 무너지고, 은혜의 나라가 흥왕하여서 우리 자신과 다른 사람들이 그 나라로 들어가 지켜 주심을 받고, 그리고, 영광의 나라가 빨리 오게 될 것을 기도하게 됩니다.

그 뜻을 하늘에서 이루심 같이 땅에서도

103. 우리가 세 번째로 간구해야 하는 것은 무엇인가요?

"그 뜻을 하늘에서 이루심 같이, 땅에서도 이루어 주십시오"라는 세 번째 간구에서 우리는 하늘에서 천사들이 그러한 것처럼, 하나님이 그의 은혜로 모든 일에서 우리가 하나님의 뜻을 알고 따르며 순종할 수 있는 기꺼운 마음을 갖도록 기도해야 합니다.

오늘의 양식을 내려 주시고

104. 우리가 네 번째로 간구해야 하는 것은 무엇인가요?

"오늘 우리에게 필요한 양식을 내려 주시고"라는 네 번째 간구에서 우리는 하나님이 거저 주시는 선물로 이생에서 필요한 모든 좋은 것들을 받고, 그것들과 함께 하나님의 축복을 누리기를 기도해야 합니다.

우리에게 죄 지은 사람을 용서하여 준 것 같이

105. 우리가 다섯 번째로 간구해야 하는 것은 무엇인가요?

"우리가 우리에게 죄 지은 사람을 용서하여 준 것 같이 우리의 죄를 용서하여 주시고"라는 다섯 번째 간구에서 우리는 그리스도로 인해 우리의 모든 죄를 값없이 용서하여 주실 것을 기도합니다. 그리고 우리가 담대히 그렇게 간구할 수 있게 되는 것은 하나님의 은혜로 말미암아 우리가 진정으로 다른 사람을 용서할 수 있기 때문입니다.

우리를 시험에 들지 않게 하시고,
악에서 구하여 주십시오

106. 우리가 여섯 번째로 간구해야 하는 것은 무엇인가요?

"우리를 시험에 들지 않게 하시고, 악에서 구하여 주십시오."라는 여섯 번째 간구에서 우리는 하나님이 우리가 죄의 유혹을 받는 것에서 지키시고, 우리가 시험을 받았을 때 도우시고 구원하실 것을 기도합니다.

나라와 권세와 영광은 영원히 아버지의 것

107. 주기도문의 마지막 부분에서 우리를 가르치는 것은 무엇인가요?

"나라와 권세와 영광은 영원히 아버지의 것입니다. 아멘."이라는 주기도문의 맺는말은 우리가 기도할 용기를 오직 하나님에게서만 얻을 것이며, 우리의 기도에서 하나님의 나라와 그분의 권세와 영광을 하나님께로 돌려드리는 것으로 하나님을 찬양하라고 가르칩니다.

본문에서 쓰인 용어 해설(가나다 순)

구원 Salvation - 하나님이 그 백성과 그 자신을 화해하게 만드신 일 (문 86, 88-91)

규례 Ordinance - 배에서 행하도록 명령된 행위 (문 50, 문 54, 문 82, 문 88, 문 92)

부패 Corruption - 거룩하지 않음 (문 18)

스스로 있다 Being - 하나님은 스스로 존재하신다 (문 4)

성례를 행함 Administering sacraments - 목회자가 세례나 성찬에서 교회를 이끄는 것 (문 91)

안식일 Sabbath - 주의 날: 십자가 사건 이전에는 토요일 그리고 십자가 사건 이후에는 일요일 (십 57-62)

언약 Covenant - 선언, 약속, 그리고 책임을 동반한 약속 (문 20, 문 92, 문 94)

영광 Glory - 1) 하나님의 성품과 속성에 대한 계시 (문 6-7, 문 102) 2) 하나님께 드리는 찬양과 존경 (문 47, 문 66, 문 101, 문 107) 3) 죽음 이후 하나님 앞에선 우리의 상태

육신적인 Carnal - 영적인 요소가 없이 육체적인 (문 96)

은혜의 수단 Means of Grace - 말씀과 성찬, 그리고 세례와 기도를 그의 백성들을 축복하고 먹이시겠다고 하신 하나님의 구체적인 약속 (문 88-89, 문 91)

의로움 Righteousness - 하나님의 거룩하신 상태 또는 하나님과 올바른 관계에 있을 때 우리의 존재 (문 10, 문 18, 문 33, 문 35)

주권 Sovereignty - 하나님의 절대적인 권위와 능력 (문 52)

주의 몸을 분별함 Discern the Lord's body - 그리스도가 나를 위해 죽으셨음을 이해하는 것 (문 97)

중보 기도 Intercedes - 그리스도가 우리를 대신하여 하나님 아버지 앞에서 우리를 위해 간구하심 (문 25)

지각할 수 있는 Sensible - 눈에 보이고 만질 수 있는 무엇 (문 92)

직분 Office - 책임을 지는 직책 (문 23-26)

죄인들의 회심 Converting sinners - 하나님이 그 자녀의 마음을 돌리기 위해 계속해서 일하신다. (문 89)

타락 Fall - 아담이 불순종하여 죽음에 이르게 됨 (문15-19, 문 82)

택함 Elect - 하나님의 선택된 백성 (문 21, 문 88)

하나님의 경륜 Counsel of God's will - 무엇이 최선인지에 대한 하나님의 판단 (문 7)

하나님의 속성 Attributes of God - 하나님의 품성과 특성. 예컨대 하나님은 모든 일을 하실 수 있고, 모든 것을 아시고, 영원하시며 거룩하시다. (문 54)

소요리문답의 성경 출처

이 책의 영어 원문은 소요리문답의 원본이 사용되었으나 우리말 번역은 신학에서 정착되어 사용하는 용어나 표현을 살리면서도 영어 원문을 가능하면 쉽게 이해가 되도록 노력하였습니다. 아래의 성경 출처는 단지 참고를 위한 것입니다.

문 1
고전 10:31. 롬 11:36. 시 73:24

문 2
딤후 3:16. 엡 2:20. 요일 1:3,4

문 3
딤후 1:13. 3:16

문 4
요 4:24. 욥 11:7-9. 시 90:2. 출 3:14. 시 147:5. 계 4:8. 계 15:4. 출 34:6,7

문 5
신 6:4. 렘 10:10

문 6
요일 5:7. 마 28;19

문 7
엡 1:4, 11. 롬 9:22, 23

문 8

문 9
창 1장. 히 11:3

문 10
창 1:26-28. 골 3:10. 엡 4:24

문 11
시 145:17, 시 104:24. 사 28:28, 히 1:3, 시 103:19, 마 10:29-31

문 12
창 3:12. 창 2:27

문 13
창 3:6-8, 13. 전 7:29

문 14
요일 3:4

문 15
창 3:6, 12

문 16
창 2:16, 17. 롬 5:12. 고전 15:21, 22

문 17
로 5:12

문 18
롬 5:12, 19. 롬 5:10-20. 엡 2:1-3. 약 1:14, 15. 마 15:19

문 19
창 3:8, 10, 24. 엡 2:2, 3. 갈 3:10. 애 3:39. 롬 6:23. 마 25:41, 46

문 20
엡 1:4. 롬 3:20-22. 갈 3:21, 22

문 21
딤전 2:5, 6. 요 1:14. 갈 4:4. 롬 9:5. 눅 1:35. 골 2:9. 히 7:24, 25

문 22
히 2:14, 16 그리고 10:5. 마 26;38. 눅 1:27,31,35,42. 갈 4:4. 히 4:15 그리고 7:26

문 23
행 3:21, 22. 히 12:25. 고후 13:3. 히 5:5-7 그리고 7:25. 시 2:6. 사 9:6, 7. 마 21:5. 시 2:8-11

문 24
요 1;18. 벧전 1:10-12. 요 15:15 그리고 20:31

문 25
히 9:14, 28. 히 2:17. 히 7:24, 25

문 26
행 15:14-16. 사 33:22. 사 32:1,2. 고전 15:25. 시 110 전체

문 27
눅 2:7 갈 4:4. 히 12:2, 3. 사 53:2, 3. 눅 22:44. 마 27:46. 빌 2:8, 고전 15:3,4 행 2:24-27, 31

문 28
고전 15;4. 막 16:19. 엡 1:20. 행 1:11 그리고 17:31

문 29
요 1:11, 12. 딛 3:5, 6

문 30
엡 1:13, 14. 요 6:37, 39. 엡 2:8. 엡 3:17. 고전 1:9

문 31
딤후 1:9. 살 2:13, 14. 행 2:37. 행 26:18. 겔 36:26, 27. 요 6:44, 24. 빌 2:13

문 32
롬 830. 엡 1:5. 고전 1:26, 30

문 33
롬 3:24, 25 그리고 4:6-8. 고후 5:19, 21. 롬 5:17-19. 갈 2:16. 빌 3:9

문 34
요일 3:1. 요 1:12. 롬 8:17

문 35
살후 2:13. 엡 4:23, 24. 롬 6:4, 6

문 36
롬 5:1, 2, 5. 롬 14:17. 잠 4:18. 요일 513. 벧전 1:5

문 37
히 12:23, 고후 5:1, 6, 8. 빌 1:23. 눅 23:43. 살전 4:14

문 38
고전 15:43, 마 25:23. 마 10:32. 요일 3:2. 고전 13:12. 살전 4:17, 18

문 39
미 6:8. 삼상 15:22

문 40
롬 2:14, 15 그리고 10:5

문 41
신 10:4

문 42
마 22:37-40

문 43
출 20:2

문 44
눅 1:74, 75. 벧전 1:15-19

문 45
출 20:3

문 46

대상 28:9. 신 26:17. 마 4:10. 시 29:2

문 47
시 14:1. 롬 1:21. 시 81:10, 11. 롬 1:25, 26

문 48
겔 8:5 끝까지.

문 49
출 20:4-6

문 50
신 32:46 마 28:20. 행 2:42

문 51
신 4:15-19. 출 32:5, 8. 신 12:31, 32

문 52
시 95:2, 3, 6. 시 45:11. 출 34:13, 14

문 53
출 20:7

문 54
마 6:9. 신 28:58. 시 68:4. 계 15:3, 4. 말 1:11, 14. 시 138:1, 2. 요 36:24

문 55
말 1:6, 7. 12 그리고 2:2, 3:14.

문 56
삼상 2:12, 17, 22, 29. 삼상 3:13. 신 28:58, 59.

문 57
출 20:8-11

문 58
신 5:12-14

문 59
창 2:2, 3. 고전 16:1, 2. 행 20:7

문 60
출 20:8, 10. 출 26:25-28. 느 13:15-19, 21, 22. 눅 4:16. 행 20:7 시 92 제목. 사 66:23. 마 12:1-13

문 61
겔 22:26. 암 8:5. 말 1:13. 행 20:7, 9. 겔 23:38. 렘 17:24-26. 사 58:13

문 62
출 20:9. 출 20:11

문 63
출 20:12

문 64
엡 5:21. 벧전 2:17. 롬 12:10

문 65
마 15:4-6. 겔 34:2-4. 롬 13:8

문 66
신 5:16. 엡 6:2, 3

문 67
출 20:13

문 68
엡 5:28, 29. 왕상 18:4

문 69
행 16:28. 창 9:6

문 70
출 20:14

문 71
고전 7:2, 3, 5, 34, 36. 골 4:6. 벧전 3:2

문 72
마 15:19 그리고 5:28. 엡 5:3, 4

문 73
출 20:15

문 74
창 30:30. 딤저 5:8. 레 25:35. 신 22:1-5. 출 23:4, 5. 창 47:14, 20.

문 75
잠 21:17 그리고 23:20, 21 그리고 28:19. 엡 4:28

문 76
출 20:16

문 77
슥 8:16. 요삼:12. 잠 14:5, 25

문 78
삼상 1728. 레 19:16. 시 15:3

문 79
출 20:17

문 80
히 13:5. 딤전 6:6. 욥 31:29. 롬 12:15. 딤전 1:5. 고전 13:4-7
왕상 21:4. 에 5:13. 고전 10:10. 갈 5:26. 약 3:14, 16. 롬 7:7, 8 그리고 13:9. 신 5:21

문 82
전 7:20. 요일 1:8, 10. 갈 5:17. 창 6:5 그리고 8:21. 롬 3:9-21. 약 3:2-13

문 83
겔 8:6, 13, 15. 요일 5:16. 시 78:17, 32, 56

문 84
엡 5:6. 갈 3:10. 애 3:39. 마 25:41

문 85
행 2021. 잠 2:1-6 그리고 8:33 끝까지. 사 55:3.

문 86
히 10:39. 요 1:12. 사 26:3, 4. 빌 3:9. 갈 2:16

문 87
행 11:18. 행 2:37, 38. 욜 2:12. 렘 3:22. 렘 31:18, 19. 겔 36:31. 고후 7:11. 사 1:16, 17

문 88
마 28:19, 20. 행 2:42, 46,

문 89
느 8:8. 고전 14:24, 25. 행 26:18. 시 19:8. 행 20:32. 롬 15:4. 딤후 3:15-17. 롬 10:13-17 그리고 1:16

문 90
잠 8:34. 벧전 2:1, 2. 시 119:18. 히 4:2. 살후 2:10. 시 119:11. 눅 8:15. 약 1:25

문 91
벧전 3:21. 마 3:11 고전 3:6, 7. 고전 12 12:13

문 92
창 17:7, 10. 출 12장. 고전 11:23, 26

문 93
마 28:19 마 26:26-28

문 94
마 28:19. 롬 6:4 갈 3:27

문 95
행 8:36, 37 그리고 2:38. 행 2:38, 39. 창 17:10. 골 2:11, 12. 고전 7:14

문 96
고전 11:23-26 그리고 10:16

문 97
고전 11:28, 29. 고후 13:5.

고전 11:31. 고전 10:16, 17. 고전 5:7, 8. 고전 11:28, 29

문 98
시 62:8, 요일 5:14. 요 16:23. 시 32:5, 6. 단 9:4. 빌 4:6

문 99
요일 5:14. 마 6:9-13. 눅 11:2-4

문 100
마 6:9. 롬 8:15. 눅 11:13. 행 12:5. 딤전 2:1, 2

문 101
마 6:9. 시 67:2, 3 시 83편 전체

문 102
마 6:10. 시 68:1, 18. 계 12:10, 11. 살후 3:1. 롬 10:1. 요 17:9, 20. 계 22:20

문 103
마 6:10. 시 67편 전체. 시 119:36. 마 26:39. 삼하 15:25. 욥 1:25. 시 103:20, 21

문 104
마 6:11. 잠 30:8, 0 창 28:20. 딤전 4:4, 5

문 105
마 6:12. 시 51:1,2,7,9. 단 9:17, 18, 19. 눅 11:4. 마 18:35

문 106
마 6:13. 마 26:41, 2. 고 12:7, 8

문 107
마 6:13. 단 9:4, 7-9, 16-19. 대상 28:10-13. 고전 14:16. 계 22:20

111